TASTE THE OUTDOORS!

FELICITAS THEN

TASTE THE OUTDOORS!

Einfach draußen kochen:
Kreative Rezepte für Camping, Zelt, Lagerfeuer und Boot

CHRISTIAN

INHALT

BASICS

FEUER

WALD

VORWORT

Draußen kochen, draußen schlafen, draußen essen. Seitdem ich denken kann, liebe ich es zu campen, in der Natur zu sein und auch dort zu übernachten.

Bei einem Camping-Urlaub mit meinen besten Freunden kam mir die Idee, all meine Erfahrungen, Rezepte und Ideen für andere aufzuschreiben und fotografisch festzuhalten. Dieses Buch ist somit kein normales Rezept-Heft, es ist ein Outdoor-Tagebuch meiner schönsten Trips.

Auf diese Reisen nehme ich euch nun mit: Wir streifen gemeinsam durch den Wald, segeln über die Ostsee und kochen über dem Lagerfeuer. All die folgenden Gerichte und Fotos sind auf Natur-Trips im letzten Jahr entstanden, bei denen ich mit Camper, Boot oder Zelt unterwegs war.

Nun soll dieses Buch EUCH zum Outdoor-Kochen motivieren und euch gute Tipps fürs Campen geben. Ich hoffe, dass meine Rezepte euch inspirieren und die nächsten »Draußen-Urlaube« noch ein bisschen leckerer und aufregender machen!

EINLEITUNG

NUTZE DIE NATUR!

Eine der schönsten Sachen am »Draußenkochen« für mich ist, die Natur in die Gerichte oder in die Zubereitungsart zu integrieren. So kannst du je nach Jahreszeit Pilze, Beeren oder Kräuter sammeln. Dabei gelangst du an köstliche Zutaten, die in keinem Supermarkt dieser Welt zu bekommen sind. Wenn du auf offenem Feuer kochst, wird das Lagerfeuer-Essen je nach Holzart unterschiedlich und vor allem kostenfrei aromatisiert.

Die Angler*innen unter euch wissen, wie viel Freude es macht, den selbst gefangenen Fisch zu grillen.

Aber selbst wenn du einfach nur Blüten zum Dekorieren deiner Gerichte pflückst, wird aus einem einfachen Risotto ein Teller fast wie aus dem Sternelokal …

SO KOCHE ICH DRAUSSEN

Die folgenden Rezepte sind an die Gegebenheiten beim Campen angepasst. So findet ihr viele haltbare Zutaten und vegetarische Rezepte oder solche, für die ihr nur einen Topf benötigt. Allen Lagerfeuer-Fans – wie mir – widme ich das Feuer-Kapitel, das Romantik und viel Aroma verspricht.

Der Gaskocher ist mein Favorit, wenn es darum geht, schnell und effektiv zu kochen. Er ist in Sekunden einsatzbereit, schafft gleichmäßige, hohe Hitze und ist nahezu gefahrlos verwendbar. Dabei finde ich die größeren, quadratischen Kocher viel praktischer als die kleinen Kartuschen-Kocher, denn diese garantieren sicheren Stand für die Pfanne oder den Topf, außerdem werden sie wunderbar heiß.

Kleine portable Grills sind superpraktisch und flexibel einsetzbar beim Campen. Man kann sie natürlich als klassisches BBQ mit Rost verwenden, um darauf direkt Gargut zu grillen. Aber sie eignen sich auch als Herd-Ersatz, indem man einen feuerfesten Topf einfach auf das Rost stellt und dann darin kocht.

Und wenn man den Rost ganz weglässt, hat man quasi ein Mini-Lagerfeuer, zum Beispiel für S'mores …

BASICS

NORWIND

ICH PACKE MEINEN CAMPER ...
... UND NEHME MIT ...

Auf den kommenden Seiten erzähle ich euch, welche Zutaten und Gewürze ich auf jede Outdoor-Reise mitnehme. Es ist eine Mischung aus Gewürzen und Pestos, die ihr auch in verschiedenen Rezepten im Buch wiederfinden werdet. So könnt ihr mit wenig Aufwand und Gepäck viele verschiedene Sachen kochen!

ÖLE

In meinem Buch werdet ihr vergleichsweise wenig Rezepte finden, bei denen ich Butter verwende. Nur wenn sie dringend für den Geschmack erforderlich ist. Die Gründe dafür sind simpel: Erstens lässt sich Butter schlecht mitnehmen, denn sie schmilzt schon bei geringer Wärme. Zweitens verbrennt Butter schnell beim Braten und das ist für das Kochen über dem Feuer eher suboptimal. Neutrales Öl hingegen ist hoch erhitzbar, kann vorher aromatisiert und gut transportiert werden.

PESTO UND HUMMUS

Vor zwei Jahren etwa ist meine Tradition entstanden, dass ich niemals ohne selbst gemachtes rotes und grünes Pesto oder Hummus campen gehe. Alle drei Pasten eignen sich hervorragend als Brotaufstrich, zum Verfeinern von Gerichten oder als Dip für Gemüse oder Chips. Gerade auf Festivals hat sich diese Kombi als perfekter Snack bewiesen!

Außerdem sind alle drei Mischungen gut transportierbar und vergleichsweise lange haltbar. Wenn man das Pesto nicht gerade in die Sonne stellt, kann man daran gut zwei, drei Tage lang Freude haben.

Mein grünes Pesto heißt in meinem Freundeskreis übrigens Erwachsenenpesto, weil es schön scharf ist und durch die Petersilie und den Zitronenabrieb aufregend würzig. Basilikum alleine kann ja jede*r

ZUM WÜRZEN

Gekörnte Brühe ist ein superpraktischer Allrounder. Hier könnt ihr selbst entscheiden, ob ihr eine vegetarische Version oder eine Geflügelbrühe nehmen wollt. Wenn ihr absolute Kochprofis seid, könnt ihr sie natürlich auch zu Hause vor der Reise selbst herstellen. Es gibt aber inzwischen auch tolle Produkte aus dem Supermarkt – ohne Geschmacksverstärker oder seltsame Zusätze. Auch wenn ich zu Hause darauf verzichte, beim Outdoor-Kochen muss fertige Brühe mit!

Als Gewürzmischungen empfehle ich zum einen eine italienische Gewürzmischung. Damit kannst du alle Pastagerichte, Brotteige oder Gemüsepfannen pimpen. Dann nehme ich immer eine leckere Currymischung mit auf Reisen. Kokosmilch und Gemüse dazu, und zack, hast du ein köstliches und obendrein gesundes Gericht, bei dem alle Zutaten ohne Kühlung auskommen.

Weitere Dinge, die in meiner Outdoor-Küche nicht fehlen dürfen, sind natürlich Salz und Zucker. Daneben Zimt, um sowohl süßen als auch salzigen Gerichten einen Kick zu geben, und Sojasauce als Umami-Allrounder, wenns besonders herzhaft schmecken soll.

GET YO
FELICITAS THEN
SPICES
GELBES
CURRY
AUF NACH
MUMBAI

HUMMUS

Ergibt 2 große Schraubgläser

1 Dose Kichererbsen (400 g)
4 EL Sesampaste (Tahin)
1 Knoblauchzehe, abgezogen
4 EL mildes Olivenöl
Saft einer ½ Zitrone
Kreuzkümmel
Zimt
Chilipulver
Salz
frisch gemahlener schwarzer Pfeffer

Die Kichererbsen absieben (das Wasser auffangen) und mit der Sesampaste, dem Knoblauch, dem Olivenöl, dem Zitronensaft und etwas Kichererbsenwasser pürieren, bis eine cremige Konsistenz entsteht.

Anschließend kräftig mit Kreuzkümmel, Zimt, Chili, Salz und Pfeffer abschmecken.

ROTES PESTO

Ergibt 1 großes Schraubglas

150 g getrocknete Tomaten (in Öl, abgetropft)
50 g Walnusskerne, geröstet
1 Knoblauchzehe, abgezogen
Chilipulver
½ unbehandelte Zitrone
100 ml Öl aus dem Tomatenglas oder neutrales Öl
70 g Pecorino oder Parmesan, frisch gerieben
etwas Olivenöl nach Bedarf
Salz
frisch gemahlener schwarzer Pfeffer

Die getrockneten Tomaten zusammen mit den Walnüssen, Knoblauch, Chili, etwas Zitronensaft und -abrieb sowie dem Öl und Käse in einen Mixer geben und fein zerkleinern. Wenn das Pesto noch nicht cremig genug ist, etwas mehr Olivenöl dazugeben. Das Pesto mit Salz und Pfeffer abschmecken.

GRÜNES PESTO

Ergibt 1 großes Schraubglas

1 großes Bund Petersilie
1 Bund Basilikum
50 g Haselnusskerne (oder Pinienkerne)
50 g Parmesan, frisch gerieben
etwa 120 ml neutrales Öl
etwa 50 ml Olivenöl
1 kleine Knoblauchzehe, abgezogen
½ unbehandelte Zitrone
1 kleine Chilischote
Salz
frisch gemahlener schwarzer Pfeffer

Die Petersilienblätter von den Stielen zupfen und zusammen mit dem Basilikum in einen Mixer geben. Die Haselnüsse oder Pinienkerne ohne Fett hellbraun rösten, dann abkühlen lassen.

Dann den geriebenen Parmesan, das neutrale Öl, das Olivenöl, den Knoblauch, etwas Zitronensaft und -abrieb, die Chilischote sowie die gerösteten Haselnüsse oder Pinienkerne zu den Kräutern geben und alles fein pürieren. Mit Salz und Pfeffer abschmecken.

KNOBLAUCH-CHILI-ÖL

Ergibt etwa 250 ml

4 Knoblauchzehen, abgezogen
2 Chilischoten
5 Zweige Thymian
etwa 200 ml Olivenöl

Knoblauch und Chilischoten fein hacken. Zusammen mit dem Thymian in ein Schraubglas geben und mit Olivenöl auffüllen.

CHINESISCHES CHILI OIL

Ergibt etwa 350 ml

1 Stück Ingwer
3 Knoblauchzehen, abgezogen
300 ml neutrales Öl
1 TL Szechuanpfeffer
3 Sternanis
2 Zimtstangen
2 Lorbeerblätter
2 TL Fenchelsamen
3 Gewürznelken
3 EL Chiliflocken
1 TL Salz

Ingwer in Scheiben schneiden, den Knoblauch andrücken. Öl in einem ausreichend großen Topf auf etwa 120 °C erhitzen. Alle Zutaten bis auf Chiliflocken und Salz mindestens 30 Minuten in dem Öl ziehen lassen, dabei ab und zu umrühren und aufpassen, dass nichts verbrennt. Nun die Chiliflocken in einer hitzebeständigen Schüssel vermengen.

Das Aroma-Öl nochmals heiß werden lassen und dann durch ein Sieb über die Chiliflocken gießen, verrühren, salzen und abkühlen lassen.

FEUER

VERLIEBT IN FEUER

In den letzten Jahren habe ich mich in das Kochen auf offenem Feuer verliebt. Es gibt für mich nahezu kein schöneres Geräusch als das Knacksen der brennenden Äste.

Aber Feuer ist nicht nur superromantisch und ursprünglich, sondern es ist auch unglaublich vielseitig. So kannst du Brotscheiben über dem Feuer rösten, solange das Gulasch im Topf auf der Glut blubbert. Im Dutch Oven kannst du Kuchen backen, während nebenan die Steaks auf dem Rost gegrillt werden.

Alle Speisen bekommen ein herrliches Rauch-Aroma. So schmeckt ein Chili über dem Feuer gekocht einhundertmal besser als aus der Küche daheim. Nach einem aufregenden Kochtag liebe ich es dann, nachts in meinem Zelt oder Van zu liegen und den angenehmen Lagerfeuer-Geruch in meinen Haaren zu merken. Für mich duftet es nach Kindheit, Gemütlichkeit und köstlichem Essen …

DIE FEUERSTELLE

Spätestens seit diesem Kochbuch weiß ich, dass auf dem Feuer zu kochen viel einfacher ist, als man denkt. Man muss nur ein paar Vorbereitungen treffen, dann kann es auch schon losgehen!

Zunächst solltest du dich erkundigen, ob Feuer machen, zelten und übernachten in der Gegend, in der du dein Camp aufschlägst, generell erlaubt ist. Für die Feuerstelle eignet sich offenes Gelände mit ebenem, sauberem Boden. Rundherum darf keine Gefahr bestehen, dass Dinge wie Äste, Büsche oder trockenes Gras Feuer fangen. Der Boden sollte zudem relativ fest sein, damit das Feuer nicht einsinkt.

Brennmaterial suchst du dir am besten schon vorher genügend zusammen, damit das Feuer nicht zwischendurch ausgeht oder du die Feuerstelle unbeaufsichtigt verlassen musst. Kleine Äste für den Start und größere Scheite, um eine gute Glut zu erhalten. Halte auch Ausschau nach größeren Steinen. Sie können als Auflage für das Rost oder die Pfanne dienen. Ich lege daraus immer einen ovalen Steinkreis. So hat man dann eine richtige Kochstelle mit Glut und einen weiteren Teil, auf dem man neues Holz befeuert, um noch mehr Glut für Topf oder Pfanne herzustellen. Gerade wenn du länger kochen möchtest, kannst du so sicherstellen, dass immer genügend Hitze vorhanden ist.

Für die Zubereitung empfehle ich euch gusseisernes Geschirr. Das garantiert gleichmäßige und vor allem lang anhaltende Hitze. Fleisch bekommt eine köstliche Kruste, Ragouts garen darin auch ohne direkte Hitze und Zwiebeln karamellisieren so herrlich wie in keiner anderen Pfanne.

STECKERLFISCH – MAKRELEN MIT GREMOLATA

Zutaten für 4 Personen

2 Makrelen, küchenfertig
Salz
4 EL neutrales Öl
frisch gemahlener schwarzer Pfeffer
1 unbehandelte Zitrone
1 kleine Chilischote, fein gehackt
2 EL glatte Petersilie, fein gehackt
2 Knoblauchzehen, abgezogen und fein gehackt
etwas Olivenöl

Die Fische außen und innen salzen und mit Öl einreiben. Die Fische auf Holzspieße spießen, dabei das Holz durch den Mund einführen und durch die Schwanzspitze durchstecken. Am Rand vom Feuer oder Holzkohlegrill grillen, dabei nicht direkt ins Feuer halten. Zwischendurch drehen, damit die Fische schön kross werden. Je nach Größe mindestens 20 Minuten lang grillen.

In der Zwischenzeit die Gremolata zubereiten. Dazu Zitronenabrieb, 2 EL Zitronensaft, Chili, Petersilie, Knoblauch sowie Olivenöl, Salz und Pfeffer vermischen.

Die heißen Makrelen mit der Gremolata servieren.

TIPP

Nasses, stabiles Holz mit dem Messer anspitzen und die Fische einfach aufspießen. Ich habe Haselnussäste genommen.

STEAK VOM FEUER MIT CREMIGEN WALDPILZEN

Zutaten für 2 Personen

32 Rindersteaks à 200 g, z. B. Ribeye
Salz
frisch gemahlener schwarzer Pfeffer
1 Knoblauchknolle, quer halbiert
2 EL neutrales Öl
3 Handvoll (Wald-)Pilze
1 rote Zwiebel, abgezogen
2 TL Butter
3 Zweige Thymian
200 g Crème fraîche oder Schmand
Saft von ½ Zitrone
grobes Salz

Die Steaks, wenn nötig, mit Küchengarn in Form schnüren. Salzen und pfeffern und mit Knoblauch und Öl einreiben. Nun den Grill bzw. das Grillrost sehr heiß erhitzen und das Fleisch von beiden Seiten goldbraun rösten. Danach indirekt noch etwa 10 Minuten (je nach Dicke und gewünschtem Gargrad, ich mag es medium rare) weitergaren. Anschließend in Alufolie wickeln und weitere 5 Minuten ruhen lassen.

In der Zwischenzeit die Pilze putzen und in grobe Stücke schneiden. Die Zwiebel ebenfalls grob würfeln, eine Knoblauchzehe fein hacken. Nun die Butter in einer feuerfesten Pfanne erhitzen und die Pilze darin mindestens 7 Minuten rösten, salzen und pfeffern, dann Zwiebel, Knoblauch und Thymianzweige dazugeben und für weitere 2 Minuten braten. Mit Crème fraîche oder Schmand vermischen und mit Salz, Pfeffer sowie Zitronensaft abschmecken.

Das Fleisch aufschneiden, mit grobem Salz bestreuen und zusammen mit den cremigen Pilzen servieren.

PIZZADILLA

Zutaten für 1 Pizza für 2 Personen

4 Kirschtomaten
1 Knoblauchzehe, abgezogen
2 EL schwarze Oliven, entkernt
2 Stängel Basilikum
Salz
frisch gemahlener schwarzer Pfeffer
2 EL Olivenöl
2 große Tortillafladen
2 Handvoll geriebener Käse nach Wahl
1 Handvoll Rucola
4 Scheiben roher Schinken, z. B. Parmaschinken
1 kleine rote Zwiebel, abgezogen und in Ringe geschnitten (optional)

Tomaten, Knoblauch und Oliven fein würfeln. Basilikum fein hacken. Alles miteinander vermischen und mit Salz, Pfeffer und Olivenöl würzen. Einen Tortillafladen in eine mit Olivenöl gefettete Pfanne legen und mit reichlich Käse bestreuen.

Danach die Tomatenmischung sowie etwas Rucola dazugeben und alles mit dem zweiten Tortillafladen abdecken. Von beiden Seiten rösten. Danach mit Parmaschinken und nach Belieben mit Zwiebelringen belegt servieren.

PFLAUMENMUS-FRENCH-TOASTS

Zutaten für 2 Personen

1 Ei
100 ml Milch
3–4 EL Mehl
1 Prise Salz
4 EL Zucker
3 EL Zimt
4 Toastscheiben
4 EL Pflaumenmus (oder andere Marmelade)
3 EL Butter

Ei mit Milch, Mehl, Salz und 1 EL Zucker zu einer sehr dicken Pfannkuchen-Masse verquirlen. Restlichen Zucker und Zimt auf einem Teller vermischen. Je zwei Toastscheiben mit Pflaumenmus bestreichen und zusammenklappen.

Die zusammengeklappten Sandwiches in der Eimasse wenden, kurz ziehen lassen und in einer Pfanne mit heißer Butter von beiden Seiten goldbraun ausbacken. Noch heiß in der Zimt-Zucker-Mischung wenden.

TIPP

Mein neues Lieblings-Camping-Gerät: ein Sandwich-Toaster fürs Feuer, der auch als Mini-Pfanne taugt.

PESTO-SPIEGELEIER

Zutaten für 2 Personen

2 Brotscheiben
3 EL Butter
Salz
frisch gemahlener schwarzer Pfeffer
3–4 EL rotes Pesto (siehe Seite 25)
2–4 Eier

Zuerst die Brotscheiben mit 2 EL der Butter bestreichen und rösten. Leicht salzen und pfeffern. Das Pesto zusammen mit der restlichen Butter in die heiße Pfanne geben und die Eier hineinschlagen. Mit Salz und Pfeffer würzen und auf dem gerösteten Brot servieren.

KESSELGULASCH

Für etwa 6 Personen

800 g Rindfleisch, z. B. aus der Schulter
3 Zwiebeln, abgezogen
2 Knoblauchzehen, abgezogen
2 EL neutrales Öl
Salz
frisch gemahlener schwarzer Pfeffer
2 EL Tomatenmark
2 EL edelsüßes Paprikapulver
300 ml Rotwein
etwa 1,5 l Rinderbrühe
2 Lorbeerblätter
½ TL Kümmelsamen (optional)
4 Stiele Majoran, plus etwas mehr zum Servieren
2 rote Paprikaschoten
1 rote Chilischote
2 bis 3 große Kartoffeln
2 Karotten
1 Prise Zucker
1 Prise Zimt
½ unbehandelte Zitrone
200 g Schmand oder saure Sahne
frisches Bauernbrot

Zuerst das Fleisch in mundgerechte Stücke schneiden. Zwiebeln und Knoblauch fein würfeln.

In einem Topf das Öl erhitzen und das Fleisch portionsweise rundherum bei hoher Temperatur anbraten. Salzen und pfeffern. Zwiebeln und Knoblauch dazugeben und ebenfalls braun rösten. Dann Tomatenmark und Paprikapulver kurz mit anschwitzen, mit Rotwein und Rinderbrühe ablöschen. Nochmals salzen, pfeffern und Lorbeer, Kümmel und Majoran dazugeben. Nun alles etwa 1 Stunde köcheln lassen.

In der Zwischenzeit die Paprikaschoten halbieren, entkernen und würfeln. Chilischote fein würfeln. Kartoffeln schälen und ebenfalls würfeln, die Karotten in Scheiben schneiden. Das Gemüse mit ins Gulasch geben und noch etwa 30 Minuten weiterköcheln lassen. Zum Schluss mit etwas Zucker, Zimt und Zitronenabrieb abschmecken. Mit einem Klecks Schmand oder saurer Sahne, frischem Majoran und Brot servieren.

S'MORES

Für 8 Stück

8 große Marshmallows
1 Tafel Zartbitterschokolade
16 (Vollkorn-)Butterkekse

Die Marshmallows auf Gabeln aufspießen und kurz über offenem Feuer rösten. Anschließend noch heiß mit einem Stück Schokolade zwischen zwei Kekse legen und sofort genießen.

BEEREN-CRUMBLE AUS DEM DUTCH OVEN MIT VANILLECREME

Zutaten für 4 Personen

Crumble
125 g Butter, plus etwas mehr zum Einfetten
3 EL gemahlene Haselnusskerne oder Mandelkerne
5 gehäufte EL Mehl
1 TL Zimt
1 große Prise Salz
4 gehäufte EL Zucker
250 g frische Blaubeeren
250 g frische Himbeeren

Vanilleschmand
200 g (haltbarer) Schmand
2 Pck. Vanillezucker

Butter, Nüsse, Mehl, Zimt, Salz und Zucker zu Streuseln verkneten. Den Dutch Oven mit Butter einfetten und die Beeren vermischt hineingeben. Nun die Streusel darauf verteilen. Den Deckel auflegen, mit glühender Kohle belegen und am Rande des Feuers etwa 30 Minuten goldbraun backen.

Währenddessen den Schmand mit dem Vanillezucker verrühren. Den Crumble noch warm mit dem Vanilleschmand servieren.

TIPP

Mit Kohle auf dem Deckel des Dutch Ovens wird der Crumble gleichmäßig braun.

CHILI SIN CARNE MIT LIMETTENCREME

Zutaten für 4 Personen

300 g Sojagranulat
etwa 500 ml Gemüsebrühe
1 große Zwiebel, abgezogen
1 Knoblauchzehe, abgezogen
3 EL neutrales Öl
2 Dosen stückige Tomaten
2 Dosen Kidneybohnen
1 Dose Mais
Salz
frisch gemahlener schwarzer Pfeffer
Zucker
Chili
Kreuzkümmel
Zimt
200 g (haltbarer) Schmand
1 Limette
1 Avocado
4 Handvoll Tortillachips

Sojagranulat nach Packungsanweisung mit kochender Gemüsebrühe übergießen. Zwiebel und Knoblauch fein würfeln. Öl erhitzen und die Würfel darin hellbraun anbraten, dann das Sojagranulat dazugeben und ebenfalls hellbraun rösten.

Nun alles mit den Tomaten ablöschen, dann die Bohnen und den Mais dazugeben. Bei Bedarf noch etwas Wasser hinzufügen und mindestens 20 Minuten köcheln lassen. Mit Salz, Pfeffer, einer Prise Zucker, reichlich Chili, Kreuzkümmel und etwas Zimt würzen.

Den Schmand mit Limettenabrieb und etwas Salz würzen. Die Avocado in Spalten schneiden und mit Limettensaft beträufeln. Das Chili mit Tortillachips, Avocado und einem Klecks Schmand servieren.

TIPP

Das Kochen über dem Feuer verleiht dem Chili einen besonders rauchigen und herzhaften Geschmack.

DAS BESTE STOCKBROT

Für 4–6 Personen

GRUNDREZEPT

1 Würfel frische Hefe
oder 1 Pck. Trockenhefe
1 TL Zucker
320 ml lauwarmes Wasser
600 g Weizenmehl Type 405
1 EL neutrales Öl
1 ½ TL Salz

ITALIENISCHES STOCKBROT

2 TL italienische Gewürzmischung
2 EL geriebener Parmesan

CURRY-STOCKBROT

2 TL Currypulver
2 TL Sesam

SÜSSES STOCKBROT

1 EL Zimt
2 EL Zucker
2 EL Schokotropfen

Hefe, Zucker und Wasser in einer Schüssel verrühren. Dann das Mehl dazugeben und langsam anfangen zu kneten. Zum Schluss Öl und Salz hinzufügen und alles mindestens 7 Minuten zu einem glatten Teig verkneten. Nun den Teig abgedeckt etwa 1 Stunde gehen lassen, er sollte sich von der Größe verdoppeln.

Jetzt kannst du das Stockbrot sofort grillen oder in drei Teile teilen und verfeinern. Die jeweiligen zusätzlichen Zutaten in den Teig kneten. Den Teig dann als dünne Schlangen um gesäuberte Stöcke wickeln und langsam indirekt am Feuer grillen.

OFENKÄSE IM BROT

Für 6 Personen

1 kleineres Bauernbrot
1 großer Camembert
3 Knoblauchzehen, abgezogen
3 Zweige Rosmarin
5 EL Olivenöl
Salz
frisch gemahlener schwarzer Pfeffer
4 EL Preiselbeeren

Den Deckel vom Brot abschneiden und das Brot aushöhlen, sodass der Käse hineinpasst. Den Camembert oben auch ganz dünn abschneiden.

Die Knoblauchzehen und die Rosmarinnadeln fein hacken und mit dem Olivenöl verrühren, dann salzen und pfeffern. Etwas Öl in dem Dutch Oven verteilen und das Brot hineinstellen. Den Brotdeckel in Streifen schneiden und um das Brot legen. Die Ölmischung auf dem Käse und den Brotstücken verteilen.

Etwa 20 Minuten mit Deckel am Rande des Feuers rösten, bis der Käse geschmolzen und das Brot gebräunt ist. Mit Preiselbeeren servieren.

WALD

DIE RUHE DES WALDES

Schon als Kind bin ich mit meinem Opa stundenlang durch den Wald gestreift. Wir haben Pilze gesammelt, Walderdbeeren gepflückt, Bärlauch geerntet oder Maiglöckchesträuße für die Oma gebunden. Den Hut, den ich damals immer tragen musste (mein Großvater war sicher, dass die Zecken vom Baum fallen), habe ich heute nicht mehr auf, aber die Liebe für den Wald ist geblieben.

Auch wenn ich in der Stadt wohne, versuche ich so oft es geht rauszufahren, um lange Spaziergänge durch die Wälder rund um Berlin zu machen. Im Sommer kann ich es kaum abwarten, dass endlich die Pilzsaison beginnt. Sie gibt mir einen Grund, auch den Herbst schön zu finden.

Zum Campen ist der Wald ideal, da es dort im Sommer kühl und schattig ist. Ich liebe es, morgens aus dem Zelt zu kriechen und einzelne wärmende Sonnenstrahlen durch die Bäumen blitzen zu sehen. Dazu kommt die herrliche Duft, wenn der Waldboden sich langsam erwärmt.

Dann gibt es für mich kaum etwas Schöneres als mit einer Tasse Kaffee in der Hand dem Rauschen der Blätter zuzuhören und so ganz langsam in den Tag zu starten. Zwar haben wir in Deutschland nicht das Glück, dass wie in Skandinavien das Wildcampen erlaubt ist, dennoch kann man auf Trekking-Campingplätzen romantische Plätze zwischen Bäumen finden.

In diesem Kapitel gibt es für euch eher einfachere Rezepte, bei denen ich in der Natur Gesammeltes integriere. So gibt es Omelett mit Waldpilzen oder Pfannkuchen mit Holunderbeeren. Außerdem mein liebstes Outdoor-Curry und praktische Gerichte, für die ihr nur eine (Gas-)Flamme braucht.

COUSCOUS-SALAT MIT STUDENTENFUTTER

Für 4 Personen

Für den Couscous-Salat
280 ml Gemüsebrühe
350 g Couscous
2 Tomaten
½ Gurke
1 kleines Bund glatte Petersilie
1 Zitrone
Salz
frisch gemahlener schwarzer Pfeffer
4 EL Knoblauch-Chili-Öl (siehe Seite 26, alternativ Olivenöl)
1 EL Tomatenmark
Kreuzkümmel
Zimt
200 g Feta
4 EL Hummus (selbst gemacht, siehe Seite 24, oder gekauft)
100 g Studentenfutter (optional)

Zuerst die Gemüsebrühe zum Kochen bringen und auf den Couscous schütten (etwa einen Fingerbreit höher als der Couscous). Das Ganze dann etwa 5 Minuten zugedeckt quellen lassen. In der Zwischenzeit die Tomaten sowie die Gurke würfeln, die Petersilie hacken. Dann den Couscous mit Zitronensaft, Salz, Pfeffer, 3 EL Knoblauch-Chili-Öl und Tomatenmark mischen. Mit Kreuzkümmel und Zimt abschmecken, die Tomaten- und Gurkenwürfel untermengen.

Zum Schluss die Hälfte des Studentenfutters und die Petersilie mit dem Couscous vermischen. Vor dem Servieren mit dem restlichen Studentenfutter sowie dem zerbröselten Feta bestreuen und den Hummus dazu reichen.

TIPP

Studentenfutter ist ein guter Snack beim Campen. Perfekt auch, um den Couscous zu verfeinern.

DAL
MIT JOGHURT-TOPPING

Zutaten für 2–3 Personen

1 Zwiebel, abgezogen
2 Knoblauchzehen, abgezogen
1 Chilischote
3 EL neutrales Öl oder 2 EL Butter
3 TL Currypulver
1 große Prise Zimt
1 EL Tomatenmark
1 Dose Kokosmilch, 400 g
200–300 ml Gemüsebrühe
250 g rote Linsen
Salz
1 TL Zucker
frisch gemahlener schwarzer Pfeffer
2 EL Sojasauce
½ unbehandelte Zitrone
200 g Joghurt
1 Frühlingszwiebel

Die Zwiebel, eine Knoblauchzehe und die Chilischote fein würfeln. Öl oder Butter in einem Topf erhitzen. Zwiebeln, Knoblauch und die Chilischote darin anschwitzen.

Dann das Currypulver, den Zimt und das Tomatenmark einrühren und kurz mitbraten. Mit Kokosmilch und Brühe ablöschen und die Linsen einrühren. Etwa 15 Minuten unter Rühren weich köcheln lassen, dann mit Salz, Zucker, Pfeffer, Sojasauce, Zitronensaft und -abrieb abschmecken. Bei Bedarf noch etwas mehr Brühe dazugeben.

Den Joghurt mit Salz und der zweiten gehackten oder fein geriebenen Knoblauchzehe würzen. Die Frühlingszwiebel in feine Streifen schneiden. Das Dal mit einem Klecks Joghurt und bestreut mit Frühlingszwiebeln servieren.

VEGGIE-KÖTTBULLAR MIT NUDELN

Zutaten für 2 Personen

1 Zwiebel, abgezogen
1 große Handvoll braune Champignons
3 EL neutrales Öl oder Butter
250 g (Veggie-)Hackbällchen (aus dem Kühlregal)
1 gehäufter TL Mehl
200 g süße Sahne
200 ml Gemüse- oder Fleischbrühe
200 g kurze Nudeln
2 EL Sojasauce
Salz
frisch gemahlener schwarzer Pfeffer
4 EL Preiselbeeren aus dem Glas
1 EL Schnittlauch, fein gehackt

Die Zwiebel fein würfeln, die Pilze vierteln. Öl oder Butter in einer Pfanne erhitzen und Veggie-Bällchen und Pilze darin knusprig anbraten. Dann die Zwiebeln dazugeben und hellbraun rösten.

Nun alles mit Mehl bestauben und mit Sahne sowie Brühe ablöschen, etwa 7 Minuten köcheln lassen. In der Zwischenzeit die Nudeln nach Packungsanweisung in Salzwasser al dente kochen. Zum Schluss die Köttbullar mit Sojasauce, Salz und Pfeffer abschmecken.

Zusammen mit den Nudeln sowie Preiselbeeren anrichten und mit frischem Schnittlauch bestreut servieren.

WEISSE-BOHNEN-SUPPE MIT ITALIENISCHER SALAMI

Zutaten für 4–6 Personen

1 Zwiebel, abgezogen
1 Knoblauchzehe, abgezogen
1 Bund Suppengemüse
etwas Olivenöl
50 g italienische Salami in Scheiben
150 ml Weißwein (optional)
600 ml Gemüse- oder Fleischbrühe
2 Lorbeerblätter
Salz
frisch gemahlener schwarzer Pfeffer
1 Prise Zucker
2 kleine Dosen weiße Bohnen, je 400 g
50 g Parmesan, frisch gerieben

Zwiebel und Knoblauch fein hacken. Das Suppengemüse putzen und in Würfel schneiden. Die Petersilie fein hacken. Olivenöl in einem Topf erhitzen und die Salami darin anrösten, dann Zwiebel und Knoblauch dazugeben und mit anschwitzen.

Jetzt das Suppengemüse in den Topf geben, kurz anbraten und alles nach Belieben mit Weißwein und Brühe ablöschen. Mit Lorbeer, Salz, Pfeffer und Zucker würzen und etwa 20 Minuten köcheln lassen, dann die abgetropften Bohnen unterrühren und nochmals aufkochen. Die Suppe mit Petersilie und Parmesan bestreut servieren.

ASIATISCHER MELONENSALAT

Zutaten für 2–3 Personen

½ Honigmelone, entkernt
1 Handvoll Kirschtomaten
¼ Gurke
1 kleine Zwiebel, abgezogen
1 Knoblauchzehe, abgezogen
1 rote Chilischote
1 kleines Bund Koriander
4 EL Olivenöl
Saft von 1 Limette
2–3 EL Sojasauce
1 EL Zucker
Salz
frisch gemahlener schwarzer Pfeffer
1 Handvoll Cashewkerne, geröstet

Die Melone, die Tomaten und die Gurke in Würfel schneiden. Die Zwiebel in feine Ringe schneiden.

Knoblauch, Chilischote und Korianderblätter fein hacken und zusammen mit Olivenöl, Limettensaft, Sojasauce, Zucker, Salz und Pfeffer zu einem Dressing verrühren. Das Gemüse sowie die Melonenwürfel darin marinieren und mit gerösteten Nüssen bestreut servieren.

RISOTTO MIT PFIFFERLINGEN

Zutaten für 4 Personen

1 Knoblauchzehe, abgezogen
2 Schalotten oder kleine Zwiebeln, abgezogen
Olivenöl
350 g Risottoreis
1 l heiße Brühe (Gemüse- oder Geflügelbrühe)
150 ml trockener Weißwein
2 Handvoll Pfifferlinge
1 kleines Bund Estragon
Salz
3 EL Butter
frisch gemahlener schwarzer Pfeffer
Saft und Abrieb von ½ Bio-Zitrone
50 g frisch geriebener Parmesan
Gänseblümchen zum Garnieren

Knoblauch und Schalotten fein hacken und in 2 EL Olivenöl bei mittlerer Temperatur in einem Topf glasig anschwitzen. Risottoreis dazugeben und unter Rühren kurz mit anschwitzen. Brühe nebenbei erhitzen. Den Reis unter ständigem Rühren mit Weißwein ablöschen. Wenn der Wein verkocht ist, nach und nach die heiße Brühe zugeben und unter Rühren köcheln lassen. Sobald die Flüssigkeit vom Reis aufgenommen wurde, immer wieder Brühe aufgießen.

Die Pfifferlinge putzen.

Für das Estragon-Öl den Estragon sehr fein hacken und mit Olivenöl sowie Salz vermischen. Alternativ in einem Mörser verreiben. Die Pfifferlinge nebenbei in 1 EL Butter knusprig braten, danach salzen und pfeffern.

Zwischendurch das Risotto immer wieder umrühren und heiße Brühe nachgießen. Sobald das Risotto al dente ist, mit Salz, Pfeffer und Zitronensaft und -abrieb abschmecken. Ganz zum Schluss noch eine letzte Kelle Brühe angießen und den Käse sowie 2 EL Butter einrühren. Das Risotto sofort mit den gebratenen Pfifferlingen, etwas Kräuteröl und Gänseblümchen servieren.

TIPP

Wilde Blumen machen jeden Outdoor-Teller noch hübscher. Vorher googeln, ob sie essbar sind.

KICHERERBSEN-SHAKSHUKA

Zutaten für 2–4 Personen

1 Zwiebel, abgezogen | 4 Knoblauchzehen, abgezogen
1 (spitze) Paprikaschote
1 Chilischote
6 EL Olivenöl
1 Dose stückige Tomaten (400 g)
Salz | frisch gemahlener schwarzer Pfeffer
Kreuzkümmel | 1 Prise Zucker | 1 Prise Zimt
1 kleine Dose gegarte Kichererbsen (200 g)
5 Eier
Fladenbrot
100 g Fetakäse | etwas frischer Koriander

Die Zwiebel und zwei Knoblauchzehen hacken. Paprika putzen und in kurze Streifen schneiden. Die Chilischote in Ringe schneiden.

3 EL Olivenöl in einer Pfanne erhitzen. Das Gemüse darin anbraten. Dann die Tomaten aus der Dose dazugeben und mit Salz, Pfeffer, Kreuzkümmel, etwas Zucker und Zimt würzen. Die Kichererbsen unterrühren und alles etwa 10 Minuten einköcheln lassen.

Dann mit einem Esslöffel fünf Mulden in die Tomatenmasse drücken und jeweils 1 Ei hineinschlagen. Die Pfanne abdecken und die Eier etwa 8 Minuten lang wachsweich stocken lassen.

In der Zwischenzeit für die Brotsticks das Fladenbrot in Streifen schneiden. Dann 3 EL Olivenöl in einer Pfanne erhitzen, zwei angedrückte Knoblauchzehen dazugeben und das Brot von allen Seiten darin goldbraun rösten, leicht salzen und pfeffern.

Das fertige Shakshuka mit zerbröseltem Fetakäse und grob gehacktem Koriander bestreuen und die Fladenbrot-Sticks dazu reichen.

TIPP

Selbst wenn das Brot schon etwas trocken ist – angebraten in der Pfanne schmeckt es sofort wieder herrlich knusprig und frisch! Das hat meine Oma schon so gemacht!

PESTO-OMELETT MIT ARTISCHOCKEN

Zutaten für 1 Person

1 kleine Zwiebel
3 Eier
Salz
frisch gemahlener schwarzer Pfeffer
2 EL grünes Pesto
2 EL geriebener Käse (optional)
1–2 EL Butter
1 Handvoll Artischocken aus dem Glas, geviertelt
2 EL Gartenkresse

Die Zwiebel abziehen und in feine Würfel schneiden. Die Eier verquirlen und mit Salz und Pfeffer würzen. 1 EL Pesto einrühren. Wer will, der gibt noch 2 EL geriebenen Käse dazu.

Die Butter in einer Pfanne erhitzen und die Zwiebel darin anbraten. Dann die verquirlten Eier dazugeben. Bei mittlerer Temperatur stocken lassen, bis sich das Omelett vom Boden löst. Die Artischocken und noch etwas mehr Pesto und die Kresse auf dem Omelett verteilen, dann das Ei zusammenklappen und servieren.

KOKOSMILCHREIS MIT PFIRSICHEN UND KOKOSCHIPS

Zutaten für 4 Personen

150 g Milchreis (Rundkornreis)
1 Dose Kokosmilch, 400 g
etwa 200 ml Wasser
4 EL Zucker
1 Prise Salz
2 EL Zimt
4 halbe Pfirsiche aus der Dose
4 EL Kokoschips

Den Milchreis mit der Kokosmilch, dem Wasser, 2 EL Zucker und dem Salz etwa 30 Minuten bei mittlerer Temperatur unter gelegentlichem Rühren gar ziehen lassen.

Den restlichen Zucker mit Zimt als Topping vermischen. Den fertigen Milchreis mit den Pfirsichen, den Kokoschips sowie der Zimt-Zucker-Mischung servieren.

KARTOFFEL-PFANNE MIT CHORIZO UND SPIEGELEI

Zutaten für 2 Personen

600 g kleine Kartoffeln
Salz
100 g Chorizo
1 Zwiebel, abgezogen
150 g geröstete Paprika aus dem Glas
2 Frühlingszwiebeln
3 EL Olivenöl
1 EL Honig
frisch gemahlener schwarzer Pfeffer
2 EL Butter
2–4 Eier

Kartoffeln mit Schale in Salzwasser weich kochen. Anschließend halbieren. Die Chorizo in Scheiben schneiden. Die Zwiebel grob würfeln. Die Paprika ebenfalls in grobe Stücke schneiden. Die Frühlingszwiebeln in feine Ringe schneiden.

Öl in einer Pfanne erhitzen und zuerst die Kartoffeln darin schön knusprig braten, dann die Zwiebel sowie die Chorizo dazugeben und alles hellbraun anrösten. Die Bratkartoffeln mit Honig beträufeln, salzen und pfeffern und kurz vor dem Servieren noch mit 1 EL Butter und den Paprikastücken schwenken.

1 EL Butter in einer Pfanne erhitzen und die Eier darin zu Spiegeleiern braten. Salzen und pfeffern, dann zusammen mit den Bratkartoffeln sowie mit den Frühlingszwiebeln bestreut servieren.

WALDPILZSTULLE

Zutaten für 2 Personen

2 Scheiben Bauernbrot
2 Knoblauchzehen, abgezogen
2 EL Butter
2 große Handvoll (Wald-)Pilze (oder braune Champignons)
Salz
frisch gemahlener schwarzer Pfeffer
1 TL gemischte getrocknete Kräuter
Saft von ½ Zitrone
1 EL glatte Petersilie, gehackt
4 eingelegte Peperoni aus dem Glas (optional)

Die Brotscheiben zusammen mit den angedrückten Knoblauchzehen und 1 EL Butter in einer Pfanne rösten. Währenddessen die Pilze putzen und in grobe Stücke schneiden. Dann das Brot herausnehmen und 1 weiteren EL Butter in die Pfanne geben.

Die Pilze darin mindestens 8 Minuten rösten, dann salzen, pfeffern und mit den Kräutern würzen. Zum Schluss mit Zitronensaft abschmecken und die frisch gehackte Petersilie unterheben. Pilze auf dem Brot und nach Belieben mit eingelegten Peperoni servieren.

GEGRILLTE PAPRIKASCHOTEN MIT TAHIN UND CHILI OIL

Zutaten für 2 Personen

5 hellgrüne, spitze Paprikaschoten
2 EL neutrales Öl
3 EL Joghurt
2 EL Tahin
1 EL Zitronensaft
Salz
frisch gemahlener schwarzer Pfeffer
1 EL Chili Oil (siehe Seite 26)

Die Paprikaschoten einölen und auf dem Grill rundherum rösten.

In der Zwischenzeit Joghurt, Tahin, Zitronensaft, Salz und Pfeffer verrühren. Bei Bedarf noch etwas Wasser hinzufügen.

Die gegrillten Schoten auf einem Teller anrichten, salzen und mit der Sauce sowie Chili Oil beträufelt servieren.

GEGRILLTE FEIGEN MIT BURRATA UND ZITRONEN-CARPACCIO

Zutaten für 1–2 Personen

5 reife Feigen
etwas Olivenöl
½ unbehandelte Zitrone
1 Burrata
Salz
frisch gemahlener schwarzer Pfeffer
3 Zweige frische Kräuter, z. B. Oregano oder Minze

Zuerst die Feigen halbieren und mit Olivenöl einreiben. Dann in eine Grillzange klemmen und von beiden Seiten rösten (alternativ in der Pfanne braten). In der Zwischenzeit die Zitrone vierteln und in sehr, sehr feine Scheiben schneiden.

Die heißen Feigen auf einen Teller geben. Die Burrata obendrauf verteilen und alles mit Salz und Pfeffer würzen. Mit den Zitronenscheiben sowie frischen Kräutern dekorieren und sofort servieren.

ONE-POT-PASTASOTTO MIT GORGONZOLA, BIRNEN UND WALNÜSSEN

Zutaten für 2 Personen

1 Zwiebel, abgezogen
1 Knoblauchzehe, abgezogen
2 EL Olivenöl
150 g Risoni
80 ml Weißwein
600–700 ml Gemüse- oder Fleischbrühe
Salz
frisch gemahlener schwarzer Pfeffer
½ unbehandelte Zitrone
Chilipulver
1 Prise Zucker
100 g Gorgonzola dolce
1 EL Butter
4 (Mini-)Birnen aus der Dose
3 EL Walnusskerne, geröstet und grob gehackt

Zwiebel und Knoblauch fein hacken und in Olivenöl in einem Topf glasig anschwitzen. Dann die Pasta dazugeben und kurz mit anschwitzen. Nun mit Weißwein ablöschen und kurz einreduzieren lassen. Danach die Brühe dazugeben und das Pastasotto unter Rühren al dente garen. Bei Bedarf noch etwas mehr Brühe dazugeben. Zum Schluss mit Salz, Pfeffer, Zitronenabrieb, etwas -saft, Chilipulver und einer kleinen Prise Zucker abschmecken.

Die Hälfte des Käses sowie die Butter einrühren. Pastasotto auf Teller verteilen und mit Gorgonzolastückchen, Birnen und Walnüssen garnieren und servieren.

PFANNKUCHEN MIT HOLUNDERBEEREN-KOMPOTT

Zutaten für 2 Personen

Für die Pfannkuchen
2 Eier
250 ml Milch oder Pflanzendrink
1 Prise Zucker
1 Prise Zimt
1 Prise Salz
200 g Weizenmehl Type 405
50 ml Mineralwasser
etwas Butter zum Ausbacken

Für das Holunderbeeren-Kompott
4 Handvoll Holunderbeer-Ästchen, alternativ Brombeeren oder Blaubeeren
100 ml Kirschsaft
1 Pck. Vanillezucker
2 EL Zucker
1 Prise Zimt
1 TL Speisestärke, in etwas Kirschsaft gelöst

Für die Pfannkuchen die Eier mit Milch oder Pflanzendrink, Zucker, Zimt, Salz, Mehl und Mineralwasser zu einem glatten Teig rühren. Bei Bedarf noch etwas Milch hinzugeben.

Eine beschichtete Pfanne mit etwas Butter erhitzen. Den Teig in Portionen in die Pfanne geben und die Pfanne kurz in jede Richtung schwenken, um den Teig zu verteilen. Den Pfannkuchen von beiden Seiten etwa 1–2 Minuten bräunlich ausbacken. Warm genießen.

Für das Kompott die Holunderbeeren von den Ästchen zupfen. Kirschsaft zusammen mit dem Vanillezucker, Zucker und Zimt erhitzen und die Beeren darin aufkochen. Dann mit der Speisestärke etwas abbinden.

TIPP

Für mich ist es das Schönste, Selbstgesammeltes oder -gepflücktes in meine Outdoor-Gerichte zu integrieren. Haltet deshalb immer Ausschau nach Holunder-Sträuchern, Blaubeeren, Walderdbeeren, Haselnüssen, Brombeeren oder was eben gerade Saison hat.

TIPP

Holunderbeeren sind roh nicht genießbar. Aber aufgekocht mit ein bisschen Vanillezucker wird superschnell ein köstliches Kompott daraus.

GEMÜSE-CURRY MIT KICHERERBSEN UND PITABROT

Zutaten für 4 Personen

1 Zwiebel, abgezogen
2 Knoblauchzehen, abgezogen
1 Süßkartoffel
1 Zucchini
1 Chilischote
1 kleines Stück Ingwer
3 EL neutrales Öl
3 TL Currypulver
2 Dosen Kokosmilch (je 400 g)
1 Dose Kichererbsen (400 g)
3 EL Sojasauce
1 TL Zucker
Salz | frisch gemahlener schwarzer Pfeffer
1 unbehandelte Limette
4 Pitabrote
4 EL geröstete, gesalzene Erdnusskerne

Zwiebel und Knoblauch würfeln. Süßkartoffel schälen und grob würfeln. Die Zucchini längs halbieren, dann in Scheiben schneiden. Die Chilischote sowie Ingwer fein würfeln. Nun das Öl in einer großen Pfanne erhitzen und zuerst die Süßkartoffeln hellbraun anbraten. Die Zwiebel- und Knoblauchwürfel sowie Chili und Ingwer dazugeben und mit anrösten.

Dann alles mit Currypulver bestauben, mit Kokosmilch ablöschen, die Kichererbsen dazugeben und die Hitze reduzieren. Mit Sojasauce würzen und etwa 10 Minuten köcheln lassen. Dann die Zucchini dazugeben und die Sauce kräftig mit Zucker, Salz, Pfeffer und Limettenabrieb abschmecken. Die Sauce noch etwa 5 Minuten köcheln lassen, bis die Süßkartoffeln weich sind. Nun kannst du das Brot kurz über der Flamme toasten.

Das fertige Curry mit Erdnüssen bestreuen und mit Limettenstücken und Brot servieren.

GELBES
CURRY
LODGE

LODGE

WASSER

WOCHENENDEN AUF DEM WASSER

Ich habe das große Glück, dass ein guter Freund von mir ein fast einhundert Jahre altes Segelboot besitzt. Das sogenannte Zeesenboot ist ein altes Segel-Fischerboot, das nun in Mecklenburg-Vorpommern über den Bodden schippert.

In den letzten Jahren haben wir viele aufregende Tage auf dem alten »Krischan« verbracht, sind ins Wasser gesprungen, haben den Kopf in den Wind gehalten und natürlich auch jeden Tag gekocht. Dabei sind leckere Gerichte entstanden, die zur Region passen – wie etwa Matjes mit Kartoffeln oder solche, die Energie bringen und wenig Arbeit oder Abwasch machen wie etwa One-Pot-Pasta.

Meistens verbringen wir das ganze Wochenende am Wasser. Geschlafen wird dann entweder auf dem Schiff in der Mini-Kajüte oder im Campervan am Hafen. Dann gibt es abends S'mores vom Grill, einen witzigen Schnack mit dem Hafenmeister und morgens dann Rührei mit aromatischem Fisch aus der kleinen Hafen-Räucherei.

ONE-POT-PASTA MIT TOMATEN UND BACON

Für 3–4 Personen

2 Knoblauchzehen, abgezogen
1 Zwiebel, abgezogen
80 g Bacon, in Scheiben
3 EL Olivenöl
1 Dose stückige Tomaten, 400 g
500 ml Gemüse- oder Fleischbrühe
300 g Pasta
1 Handvoll Basilikum
Salz
frisch gemahlener schwarzer Pfeffer
1 TL italienische Kräuter
1 TL Zucker
etwas Chilipulver
3 EL Parmesan, fein gerieben
1 Kugel Mozzarella, in Stückchen zerpflückt

Den Knoblauch sowie die Zwiebel fein hacken. Den Bacon in dünne Streifen schneiden. Das Olivenöl in einem großen Topf erhitzen und zuerst den Bacon darin knusprig anbraten. Dann die Zwiebel- und Knoblauchwürfel kurz mit dazugeben. Alles mit stückigen Tomaten, Brühe und der Pasta auffüllen. So lange unter regelmäßigem Rühren köcheln lassen (etwa 12 Minuten), bis fast die komplette Flüssigkeit eingekocht ist, aber die Nudeln noch al dente sind.

In der Zwischenzeit die Basilikumblätter grob hacken. Die Nudeln mit Salz, Pfeffer, den italienischen Kräutern, Zucker und Chili abschmecken. Den Parmesan sowie die Hälfte des Basilikums unterrühren. Die fertige Pasta mit Mozzarella-Stücken und Basilikum bestreut servieren.

CIAO
BELLA

LAUGEN-HOTDOGS

Zutaten für 4 Personen

4 EL Mayonnaise
1 EL Senf
1–2 TL Honig
1 EL Zitronensaft, frisch gepresst
Salz
frisch gemahlener schwarzer Pfeffer
4 Wiener Würstchen
1 große Zwiebel
1 EL Mehl
6 EL neutrales Öl
(alternativ: gekaufte Röstzwiebeln)
1 kleines Bund Schnittlauch
4 Laugenstangen
2 TL Butter
200 g Krautsalat (aus dem Kühlregal)

Für die Sauce Mayonnaise mit Senf, Honig und Zitronensaft verrühren. Mit Salz und Pfeffer abschmecken. Die Würstchen langsam im Wasserbad erwärmen.

Für die Röstzwiebeln die Zwiebel halbieren, in feine Ringe schneiden, dann mit dem Mehl vermischen. Öl in einer Pfanne erhitzen und die Zwiebelstücke darin knusprig braten. Danach salzen. Den Schnittlauch in feine Ringe schneiden.

Die Laugenstangen der Länge nach aufschneiden, mit etwas Butter bestreichen und rösten. Dann mit Krautsalat und Würstchen belegen, Sauce und Röstzwiebeln daraufgeben und mit frischem Schnittlauch bestreut servieren.

TIPP

Laugenbrötchen oder andere Backwaren einfach an der Flamme des Gaskochers rösten.

Sole Diesel

SARDINEN-KNÄCKE

Zutaten für 2–4 Personen

1 Avocado
Saft von ½ Limette oder Zitrone
Salz
frisch gemahlener schwarzer Pfeffer
Kreuzkümmel
Chiliflocken
1 Knoblauchzehe, abgezogen
4 Kirschtomaten
2 Eier
8 Scheiben Knäckebrot
1 Dose Sardinen

Zuerst das Avocadofruchtfleisch mit einer Gabel grob zerdrücken, dann mit Limettensaft, Salz, Pfeffer, einer Prise Kreuzkümmel, Chiliflocken sowie einer fein gehackten Knoblauchzehe vermengen. Die Tomaten sehr fein würfeln und unterheben.

Die Eier 6–7 Minuten wachsweich kochen, danach abschrecken, pellen und vierteln.

Das Knäckebrot mit Avocadocreme bestreichen, Fisch und Eier auflegen. Zum Schluss noch einmal salzen und pfeffern.

ONE-POT-TORTELLONI MIT BROKKOLI

Zutaten für 2 Personen

1 Zwiebel, abgezogen
1 Knoblauchzehe, abgezogen
2 EL neutrales Öl oder Butter
200 g süße Sahne
200–300 ml Gemüse- oder Fleischbrühe
Salz
frisch gemahlener schwarzer Pfeffer
Chilipulver
½ unbehandelte Zitrone
½ Brokkoli
250 g Tortelloni aus dem Kühlregal, z. B. mit Käsefüllung
100 g Schmelzkäse
60 g Parmesan, fein gerieben
30 g Pinienkerne, geröstet

Zwiebel und Knoblauch fein würfeln. Dann Öl erhitzen und die Würfel darin glasig anschwitzen. Mit Sahne und Brühe auffüllen. Mit Salz, Pfeffer, Chili, Zitronensaft und -abrieb abschmecken.

Den Brokkoli in Röschen teilen und in die Sauce geben. Kurz aufkochen lassen, dann die Tortelloni dazugeben und weitere 3 Minuten unter Rühren köcheln lassen. Alles nochmals abschmecken und den Schmelzkäse sowie die Hälfte des Parmesans einrühren.

Die Tortelloni auf Teller geben, mit Parmesan sowie mit Pinienkernen bestreuen und servieren.

BRUSCHETTA MIT THUNFISCH

Zutaten für 4 Personen

6 Brotscheiben nach Wahl, z. B. mit Nüssen
8 EL Olivenöl
Salz
frisch gemahlener schwarzer Pfeffer
2 Handvoll kleine Tomaten
2 Knoblauchzehen, abgezogen
1 Handvoll Basilikum
1 Spritzer Balsamico-Essig
1 Dose Thunfisch
6 Kapernäpfel (optional)
4 Zweige Basilikum, grob gehackt

Das Brot mit reichlich Olivenöl beträufeln, salzen und pfeffern. In der heißen Pfanne von beiden Seiten goldbraun rösten.

In der Zwischenzeit die Tomaten würfeln und den Knoblauch fein hacken. Zusammen mit grob gehacktem Basilikum, dem restlichen Olivenöl und etwas Balsamico-Essig vermengen, mit Salz und Pfeffer abschmecken. Zum Schluss den Thunfisch und das Basilikum unterheben. Wer mag, gibt noch in Scheiben geschnittene Kapernäpfel dazu.

Den Tomatensalat auf den Broten verteilen und sofort servieren.

SCHOKO-PORRIDGE MIT KIRSCHEN

Zutaten für 2 Personen

150 g zarte Haferflocken
2 EL Kakaopulver
3 EL Honig oder Ahornsirup
Salz
1 Prise Zimt
800 ml Milch oder Pflanzendrink
1 Schokoriegel nach Wahl, z. B. Erdnuss-Cups
200 g Schattenmorellen aus dem Glas

In einem Topf die Haferflocken, Kakaopulver, Honig oder Ahornsirup, 1 Prise Salz und Zimt mit der Milch aufkochen. Unter ständigem Rühren auf niedriger Stufe etwa 10 Minuten köcheln lassen.

Zum Schluss den Schokoriegel in Stücke schneiden und zusammen mit den Kirschen auf dem heißen Porridge verteilen.

TIPP

Einfach an der Tanke den Lieblings-Schokoriegel kaufen und das Frühstück damit aufpeppen!

HALLOUMI-BURGER

Zutaten für 4 Personen

1 Handvoll getrocknete Tomaten, aus dem Glas
4 Scheiben Halloumi
4 Burger Buns
1 rote Zwiebel, abgezogen
6 EL Hummus (selbst gemacht oder gekauft)
1 Handvoll Rucola
4 EL Ajvar (Paprikapaste aus dem Glas)

Die Tomaten abtropfen lassen und das Öl auffangen. Nun den Halloumi sowie die Burger Buns mit dem Öl beträufeln und auf dem Grill rösten. Währenddessen die Zwiebel in feine Ringe schneiden. Die Schnittflächen der Buns mit Hummus bestreichen und mit Rucola und Zwiebelringen belegen.

Dann den gegrillten Käse sowie einige Tomaten auflegen. Zum Schluss einen Klecks Ajvar daraufgeben und mit einer Bun-Hälfte bedecken.

TIPP

Nichts verschwenden. Ich benutze das Öl von eingelegtem Gemüse – wie hier der getrockneten Tomaten – zum Rösten auf dem Grill oder für Salatdressings.

PINKFARBENER MATJESSALAT MIT KARTOFFELN

Zutaten für 4 Personen

500 g kleine Kartoffeln, z. B. Drillinge
Salz
4 Matjesfilets
1 kleine rote Zwiebel
1 roter Apfel
2 Rote Beten, gekocht
3 EL Mayonnaise
3 EL Schmand
frisch gemahlener schwarzer Pfeffer
½ unbehandelte Zitrone (optional)
4 Zweige frischer Dill
4 Gewürzgurken

Zuerst die Kartoffeln mit Schale in Salzwasser gar kochen.

In der Zwischenzeit die Matjesfilets in mundgerechte Stücke, die Zwiebel in feine Ringe, Apfel und Rote Beten in kleine Würfel schneiden. Alles mit der Mayo und dem Schmand vermengen und mit Salz, Pfeffer und nach Belieben mit etwas Zitronenabrieb würzen. Dill hacken und untermengen.

Den kalten Matjessalat mit den heißen Kartoffeln und den Gewürzgurken servieren.

RÄUCHERFISCH-RÜHREI AUF PUMPERNICKEL

Zutaten für 2 Personen

1 kleine Zwiebel, abgezogen
1 EL Butter
4–5 Eier
Salz
frisch gemahlener schwarzer Pfeffer
10 kleine, runde Pumpernickel
100 g Frischkäse
200 g Räucherfisch, z. B. Lachs
3 fein gehackte EL Petersilie

Die Zwiebel fein hacken und in einer Pfanne in Butter glasig anschwitzen. Derweil die Eier in einer Schale verquirlen und mit Salz und Pfeffer würzen. Die Eier zu den Zwiebeln geben und alles zu Rührei verrühren.

Dann die Pumpernickel mit Frischkäse bestreichen, mit Rührei und Fisch belegen und mit Petersilie bestreut servieren.

TIPP

Ich verrühre die Eigelbe immer erst in der Pfanne und nicht vorher in einer Schüssel. Das spart Abwasch und verleiht dem Rührei eine schöne Konsistenz.

GEPIMPTE YUM-YUM-NUDELN

Zutaten für 2 Personen

2 Eier
1 EL Erdnussbutter
1 EL Sojasauce
2 TL Chili Oil (siehe Seite 26)
2 Pakete Yum-Yum-Nudeln
1 Frühlingszwiebel
2 EL geröstete, gesalzene Erdnusskerne, grob gehackt

Die Eier etwa 6 Minuten lang wachsweich kochen, dann abschrecken und pellen. Erdnussbutter zusammen mit der Sojasauce, 1 TL Chili Oil und der Würzmischung aus den Nudeln in eine Schale oder Topf geben. Mit kochendem Wasser (Menge laut Packungsanweisung) übergießen und gut verrühren. Dann die Nudeln dazugeben und ziehen lassen, bis sie gar sind. In der Zwischenzeit die Frühlingszwiebel in feine Ringe schneiden. Die Nudeln mit der Brühe auf zwei Schüsseln verteilen und mit je zwei Eihälften, Frühlingszwiebeln, dem restlichen Chili Oil und Erdnüssen bestreut servieren.

ANHANG

MAXXIS

REGISTER DER REZEPTE

DAS BUCH-TEAM

Sören Linke
Sören ist Mediengestalter für Bild und Ton aus Berlin, dreht Werbefilme sowie Produkt- und Rezept-Videos. 2014 haben wir uns bei den Dreharbeiten für meine erste Kochshow kennengelernt. Seitdem dreht er meinen Youtube-Kanal sowie viele TV-Formate mit mir. Er passt einfach perfekt zu diesem Buch, denn er sagt über sich selbst: »Ich bin ein leidenschaftlicher Esser und Naturliebhaber.«

Paul Tamm
Paul, in Rostock geboren, ist Ingenieur mit großer Affinität zum Segeln und großer Liebe zu alten Camping-Fahrzeugen. Das traditionelle Zeesenboot seiner Familie hat mir so manch wunderbare Sommertage verschafft. »Feli und ich haben uns beim Camping kennengelernt. Ihre Kochkunst, besonders unterwegs und mit einfachsten Mitteln, ist für mich immer wieder beeindruckend. Als sie mir von dem Projekt erzählt hat, wollte ich unbedingt dabei sein.«

Lukas Grossmann
Lukas ist in Bonn aufgewachsen, hat in Hamburg die Lehre zum Koch absolviert und ist nun freiberuflicher Foodstylist in Berlin. Zum Glück ist er außerdem überzeugter Outdoor-Cooking-Fan. »Ich liebe es, mir die Finger schmutzig zu machen und über der offenen Flamme zu grillen, rösten oder zu räuchern. Genau richtig also für ein Projekt wie dieses!«

Tammo Brettschneider

Tammo hat in Göttingen BWL studiert. Doch in Berlin hat er seine Leidenschaft für Lebensmittel zum Beruf gemacht, kocht Festival-Caterings und betreibt mit mir meinen Foodtruck. Außerdem optimiert und betreut er den Onlineshop felicitasthen.de. Mit ihm habe ich meine ersten wunderschönen Camping-Reisen und Pilz-Ausflüge gemacht. »Draußen aufwachen, Feuerholz sammeln und mit Zutaten aus der Natur kochen – es gibt für mich nichts Schöneres!«

Alma

Geboren auf Zypern. Seit ihrer Rettung und Adoption lebt sie nun in Berlin. Alma darf bei keinem Ausflug fehlen, weil sie immer gute Laune macht, niemals Essen klaut, wie wir gerne im Zelt schläft und in jeder Einstellung toll aussieht.

MAKING-OF

DANKE

Schon verrückt, wie viel Glück ich mit meinen Freunden habe: Ein Kameramann und Fotograf, ein Foodstylist, dann einer, der weiß, wie das perfekte Feuer gemacht wird, einer, der Oldtimer-Camping-Vans sammelt und eine Hündin hat, die einfach jedes Foto hübscher macht. Kurz: Ohne die Hilfe meiner talentierten, großzügigen und kreativen Freunde wäre dieses Buch niemals zustande gekommen!

Der erste Dank gilt Paul, der mir nicht nur seine drei wunderschön restaurierten VW-Busse, sondern auch sein 100 Jahre altes Segelboot zur Verfügung gestellt hat. Ein weiterer Dank gilt seinem niemals endenden Appetit, der dazu geführt hat, dass wirklich jeder Krümel der Gerichte sofort verspeist wurde.

Ich bedanke mich bei Söri, der beim Fotografieren über sich hinausgewachsen ist. Aus »Nee, ick mach nur Videos …« ist ein ein toller Food- und Action-Fotograf geworden! Er schafft es wie kein Zweiter, wirklich natürliche Momente von mir einzufangen.

Danke, Tammo, dass du mich sowieso und immer bei allem unterstützt. Mit mir kochst, planst, schleppst und mir hinterherräumst. Dank dir weiß ich nun, wie man die perfekte Feuerstelle macht, und wie man Pilze nicht nur sucht, sondern auch findet.

Lukas, es ist nicht das erste Buch, das wir zusammen gemacht haben – und hoffentlich auch nicht das letzte! Durch dich werden meine Foodfotos nicht nur schöner und professioneller, sondern auch das Shooting selbst! So ist es wohl, wenn man mit Menschen zusammenarbeiten darf, die man sehr gern hat!

Danke Tyler, für die vielen Erwachsenen-Pesto-Outdoor-Trips, ohne die die Idee zu diesem Buch nie entstanden wäre.

Liebe Sonya, ich freue mich sehr, dass du Lust auf ein weiteres Buchprojekt mir hattest und bei den vielen Fotos nie den Überblick verloren hast.

Liebe Leserinnen und Leser,
in Naturschutzgebieten ist das Zelten, Campen und Übernachten generell verboten.
Bitte achtet auf die in eurem Bundesland geltenden Vorschriften zum Zelten und Wildcampen sowie zum Feuermachen.
Am besten ist es, den Grundstückseigentümer um Erlaubnis zu fragen.

IMPRESSUM

Verantwortlich: Sonya Mayer
Rezepte & Texte: Felicitas Then
Foodfotografie: Sören Linke
Foodstyling: Felicitas Then, Lukas Grossmann
Redaktion: Asta Machat
Covergestaltung: Regina Degenkolbe
Layout: Helen Garner
Repro: LUDWIG:media
Korrektorat: Judith Bingel
Herstellung: Bettina Schippel

Printed in Slovenia by DZS Grafik

★★★★★

Sind Sie mit diesem Titel zufrieden? Dann würden wir uns über Ihre Weiterempfehlung freuen. Erzählen Sie es im Freundeskreis, berichten Sie Ihrem Buchhändler oder bewerten Sie bei Onlinekauf. Und wenn Sie Kritik, Korrekturen, Aktualisierungen haben, freuen wir uns über Ihre Nachricht an: Christian Verlag, Postfach 40 02 09, D-80702 München oder per E-Mail an lektorat@verlagshaus.de

Bildnachweis: Alle Bilder des Umschlags und des Innenteils stammen von Sören Linke, mit Ausnahme von: Seite 13: Lukas Grossmann, Seite 148–149: Felicitas Then, Lukas Grossmann

Unser komplettes Programm finden Sie unter: www.christian-verlag.de

Alle Angaben dieses Werkes wurden von der Autorin sorgfältig recherchiert und auf den neuesten Stand gebracht sowie vom Verlag geprüft. Für die Richtigkeit der Angaben kann jedoch keine Haftung übernommen werden, weshalb die Nutzung auf eigene Gefahr erfolgt. Sollte dieses Werk Links auf Webseiten Dritter enthalten, so machen wir uns die Inhalte nicht zu eigen und übernehmen für die Inhalte keine Haftung.
In diesem Buch wird aus Gründen der besseren Lesbarkeit das generische Maskulinum verwendet. Weibliche und anderweitige Geschlechteridentitäten werden dabei ausdrücklich mitgemeint, soweit es für die Aussage erforderlich ist.

Die Deutsche Nationalbibliothek verzeichnet diese Publikation in der Deutschen Nationalbibliografie; detaillierte bibliografische Daten sind im Internet über http://dnb.d-nb.de abrufbar.

ISBN 978-3-95961-670-6

Ebenfalls erhältlich ...

ISBN 978-3-95961-526-6

ISBN 978-3-95961-544-0

ISBN 978-3-95961-384-2

ISBN 978-3-95961-680-5

CHRISTIAN

www.christian-verlag.de